LES BLAGUES DE toto

8. L'élève dépasse le mètre

Scénario et dessin
Thierry Coppée

Couleur
Lorien

DELCOURT

Merci à Valérie, Théo, Julien et Antonin.

Je dédie ce livre à Willy.

T. C.

Dans la même série :
Tome 1 : *L'École des vannes*
Tome 2 : *La Rentrée des crasses*
Tome 3 : *Sous les cahiers, la plage*
Tome 4 : *Tueur à gags*
Tome 5 : *Le Maître blagueur*
Tome 6 : *L'As des pitres*
Tome 7 : *La Classe qui rit*
Tome 8 : *L'Élève dépasse le mètre*

Du même auteur, chez le même éditeur :
• "La Poule aux œufs d'or" dans *La Fontaine aux fables* T.3 - collectif
• "Ma forêt" dans *Henri Dès, chansons en BD* - collectif

© 2010 Guy Delcourt Productions

Tous droits réservés pour tous pays
Dépôt légal : novembre 2010. I.S.B.N. : 978-2-7560-1590-3

Lettrage : Ségolène Ferté
Conception graphique : Trait pour Trait

Loi n° 49-956 du 16 juillet 1949
sur les publications destinées à la jeunesse

Achevé d'imprimer en juillet 2011
sur les presses de l'imprimerie Pollina, à Luçon - L23011

www.editions-delcourt.fr

JE VAIS VOUS INTERROGER ORALEMENT EN CONJUGAISON. LES NOTES SERONT MISES DANS VOTRE PROCHAIN CARNET.

CAROLE, CONJUGUE-MOI LE VERBE « SE PROMENER » AU PRÉSENT DE L'INDICATIF.

JE ME PROMÈNE, TU TE PROMÈNES, IL SE PROMÈNE, NOUS NOUS PROMENONS, ...

TU PEUX ARRÊTER LÀ, MERCI, C'EST TRÈS BIEN !

TOTO, CONJUGUE-MOI LE VERBE « DIRE », AUSSI À L'INDICATIF PRÉSENT !

?

HEU...

JE VAIS T'AIDER. JE DIS... ET ENSUITE ?

VENDREDI ! SAMEDI ! DIMANCHE !

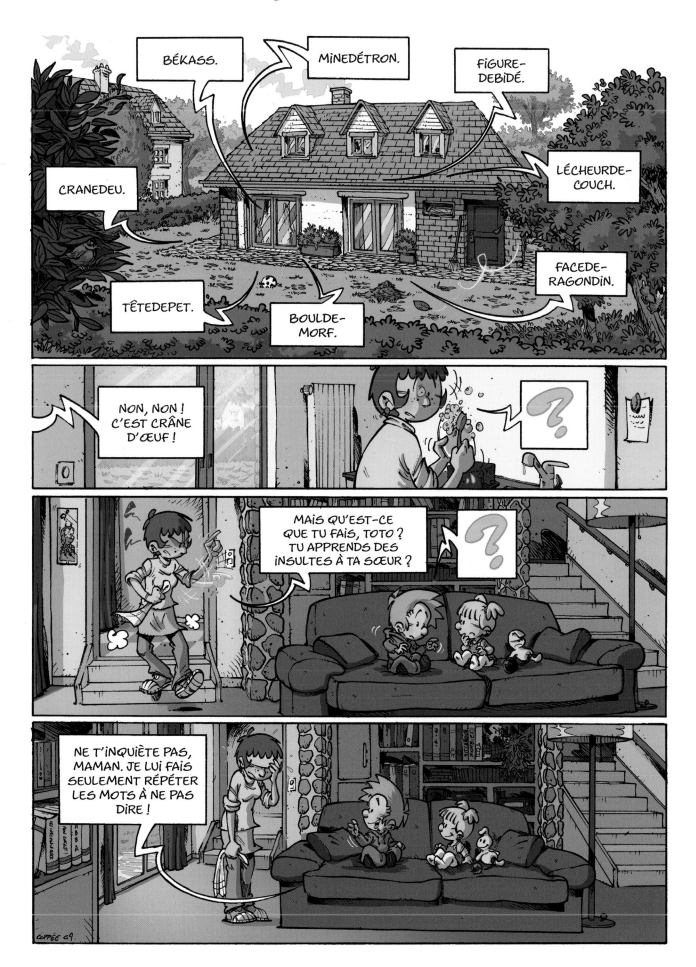

ARRÊTEZ ÇA TOUT DE SUITE !

EH BIEN, QUE SE PASSE-T-IL ?

ARNOLD N'EST QU'UN SALE MENTEUR !

POURQUOI DIS-TU CELA ?

IL M'A DIT QU'IL AVAIT QU'UN SEUL FRÈRE !

MAIS C'EST VRAI !

AH OUAIS ? EH BIEN J'AI DEMANDÉ À TA SŒUR COMBIEN ELLE EN AVAIT !

AH OUAIS ? ET ALORS ?

ET ALORS ? ELLE M'A DIT QU'ELLE EN AVAIT DEUX !

SALE MENTEUR !

J'AI ÉCRIT LE NOM DE DIFFÉRENTS HABITANTS DE NOTRE PLANÈTE. À L'AIDE DES LIVRES QUE JE VOUS AI DISTRIBUÉS, VOUS RECHERCHEREZ LE NOM DE LEURS MAISONS !

COMMENÇONS, QUEL EST LE NOM DE LA MAISON DE L'AFRICAIN ?

LA CASE !

BRAVO, IGOR !

ET COMMENT APPELLE-T-ON LA MAISON DES ESQUIMAUX ?

LE CONGÉLATEUR !

10

BONJOUR, MON GARÇON ! DIS-MOI CE QUI TE FERAIT PLAISIR POUR NOËL !

J'AIMERAIS LA COLLECTION COMPLÈTE DES INCORRIGIBLES AVEC L'ARMÉE DES MÉCHANTS ! MAIS MON PAPA DIT QUE VOUS NE POURREZ PAS FAIRE PASSER TOUT ÇA DANS LA CHEMINÉE !

ALORS, J'AIMERAIS RENCONTRER MON PAPY QUI EST MORT AVANT QUE JE NAISSE !

CE QUE TU ME DEMANDES LÀ EST DIFFICILE À RÉALISER. MAIS PEUT-ÊTRE SOUHAITES-TU AUTRE CHOSE ?

J'AIMERAIS AVOIR UN SUPER BEAU CARNET DE NOTES !

OUAIS, BON, JE VAIS VOIR CE QUE JE PEUX FAIRE POUR TON PAPY !

MAMY ! MAMY ! VIiITE ! NINIE DOIT ALLER SUR SON PETIT POT !

ATTENDS, TOTO, JE TERMINE DE PRÉPARER MA SAUCE. JE LA RATERAIS SI JE PARTAIS MAINTENANT...

MMMMH... SLUUURP !

VOiLÀÀÀÀ, J'AI FINI ! ALORS, C'EST PRESSÉ ?

BEN NON ! C'EST TROP TARD !

NOUS IRONS BIENTÔT À LA VISITE MÉDICALE. POUR BIEN LA PRÉPARER, JE VAIS VOUS DONNER UNE FICHE QUE VOS PARENTS DEVRONT COMPLÉTER.

ILS ÉCRIRONT SI VOUS AVEZ ÉTÉ MALADES CETTE ANNÉE, SI VOUS PRENEZ DES MÉDICAMENTS, SI VOUS AVEZ ÉTÉ À L'HÔPITAL.

MOI, J'AI DÉJÀ ÉTÉ À L'HÔPITAL !

EH BIEN TU L'ÉCRIRAS SUR TA FICHE, ET COMME ÇA LE DOCTEUR LE SAURA.

AH BON ? ET CELA LUI SERVIRA À QUOI, DE SAVOIR QUE J'AI ÉTÉ VOIR MA MAMY À L'HÔPITAL ?

BREF, VOUS ÉCRIREZ TOUT CE QU'IL FAUT SUR VOTRE FICHE, COMME ÇA LE DOCTEUR SAURA SI VOUS N'ÊTES PAS MALADES.

DONC SI MA FICHE EST BIEN COMPLÉTÉE, LE DOCTEUR SAURA EN LA LISANT SI JE SUIS EN BONNE SANTÉ !

TU AS TOUT COMPRIS, TOTO !

OUI, C'EST UN PEU COMME SI, POUR SAVOIR SI JE CONNAIS MES TABLES, VOUS ME DONNIEZ UNE FEUILLE AVEC LES RÉPONSES !

RESPIRE BIEN FORT, PETIT !

HUHUHU HUUUUU HUHUUU

TIENS-TOI DROIT.

MMMH, TON CARTABLE DOIT ÊTRE TROP LOURD. J'EN PARLERAI À TA MAÎTRESSE.

BIEN, LA VUE, ÇA VA ! LES OREILLES, C'EST OK !

PAS DE PROBLÈME AUX POUMONS. MAIS TIENS-TOI BIEN DROIT, SURVEILLE LE POIDS DE TON CARTABLE. SINON, BRAVO, TU ES EN BONNE SANTÉ !

TU REMETTRAS CETTE LETTRE À TES PARENTS.

DITES, MONSIEUR, VOUS DEVRIEZ AUSSI ALLER VOIR UN DOCTEUR !

AH ? ET POURQUOI ? TU CROIS QUE JE SUIS MALADE ?

BEN OUI, COMME DIT Mlle JOLIBOIS, IL FAUT SOIGNER VOTRE ÉCRITURE !

UN GESTE DE CŒUR !

MAMAN !
MAMAN !
T'ES OÙ ?
TU PEUX ÊTRE
FIÈRE DE MOI !

ICI, TOTO,
JE SUIS DANS
MA CHAMBRE !

TU AS REÇU TON
CARNET DE NOTES ?

NON
NON.

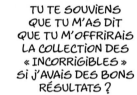

TU TE SOUVIENS
QUE TU M'AS DIT
QUE TU M'OFFRIRAIS
LA COLLECTION DES
« INCORRIGIBLES »
SI J'AVAIS DES BONS
RÉSULTATS ?

HEU, OUI,
JE CROIS...

EH BIEN, TU PEUX ALLER
CHERCHER L'AUTO !
ON PART AU MAGASIN !
JETTE UN ŒIL SUR LA
LETTRE QUE J'AI REÇUE
À LA VISITE MÉDICALE.

J'AI AUGMENTÉ
PARTOUT :
MA TAILLE, MON POIDS !
J'AI 10 SUR 10 POUR
LA VUE ET L'ÉCOUTE. J'AI
MÊME UNE SUPER NOTE
À MON TEST DU PIPI !

Souhaits médiévaux

27

3, 2, 1, sous l'eau !

P'PA, TU AS CINQ MINUTES ? JE VOUDRAIS TE PARLER.

BIEN SÛR, TOTO ! QUE SE PASSE-T-IL ?

JE VOULAIS SAVOIR SI TU M'AIMAIS ?

MAIS BIEN SÛR QUE JE T'AIME ! POURQUOI CETTE QUESTION ?

TU M'AIMAIS, MÊME LE JOUR OÙ TU AS ÉTÉ CONVOQUÉ CHEZ MME PÊCHOTON PARCE QUE J'AVAIS BOUCHÉ LES TOILETTES AVEC LES CONTRÔLES DE MATH ?

MÊME SI J'ÉTAIS TRÈS FÂCHÉ, JE T'AIMAIS !

ET TU M'AIMAIS AUSSI LE JOUR OÙ J'AI LAISSÉ NINIE SEULE DANS L'APPARTEMENT POUR ALLER JOUER AU FOOT AVEC LES COPAINS ?

TU AVAIS ÉTÉ IMPRUDENT, MAIS JE T'AIMAIS AUSSI CE JOUR-LÀ !

ET PLUS TARD, QUAND JE SERAI GRAND, SI JE FAIS ENCORE DES BÊTISES, DES GROSSES, TU CONTINUERAS À M'AIMER ?

QUOI QUE JE FASSE, QUE JE TE MONTRE, TU M'AIMERAS ?

ÉCOUTE-MOI, MON P'TIT BONHOMME, TU ES MON FILS. JE T'AI AIMÉ LE JOUR OÙ J'AI APPRIS QUE J'ALLAIS ÊTRE PAPA. JE T'AIME ET JE T'AIMERAI JUSQU'AU DERNIER JOUR DE MA VIE, JE TE LE PROMETS !

EH BIEN, ME VOILÀ RASSURÉ ! JE CROIS QUE JE PEUX TE MONTRER MON DERNIER CARNET DE NOTES !